SI NOUS VIVIONS EN 1913

ANTOINE PROST

SI NOUS VIVIONS EN 1913

BERNARD GRASSET
FRANCE INTER

Photo de couverture : © Rue des Archives/RDA.

ISBN 978-2-246-81212-8

Introduction

Les chroniques qu'on va lire ont été diffusées au cours de l'été 2013 chaque matin sur France Inter. Il aurait été impossible de les concevoir en 1913, car la radio n'existait pas vraiment, et avec elle ce genre littéraire strictement encadré par le minutage impitoyable des émissions. Cette contrainte oblige à des sacrifices pour mettre en relief l'essentiel, aussi n'ai-je pas tenté de développer ces chroniques. Les voici pratiquement inchangées. J'ai seulement corrigé quelques erreurs et ajouté des références aux textes dont j'ai fait mon miel.

Qu'on ne se méprenne pas : il ne s'agit pas du résumé d'un cours. C'est à une visite, une promenade que je convie le lecteur. Ces chroniques présentent un tableau de la France de 1913 et de ses structures sociales. Mais j'ai refusé d'en faire la théorie. J'ai cherché, avant tout, à permettre aux auditeurs hier, et aux lecteurs aujourd'hui, de se représenter concrètement comment vivaient, au fil des travaux et des jours, nos grands- ou arrière-grands-parents. C'est à l'imagination du lecteur que je m'adresse.

Les plus anciens trouveront de grandes ressemblances entre leur enfance et cette France d'avant 1914. Ce n'est pas étonnant : notre entrée dans la modernité date des années 1950-1960. Vers 1940, il n'y avait que 5,2 millions de postes de radio, moins d'un pour deux ménages ; le parc automobile comptait moins de 2 millions de voitures particulières et 500 000 utilitaires et l'électrification des campagnes s'achevait à peine. La France de la Libération était encore très proche de celle de 1913.

Si nous vivions en 1913

Par-delà le pittoresque d'un monde disparu, la France de ce qu'on appellera dans les années 1950 la « Belle Epoque », n'était pas si belle que cela. Il me plairait que ces chroniques réalistes contribuent à dissiper l'idéalisation nostalgique dont la parent nos difficultés présentes.

11 novembre 2013

1

La vie et la mort

Si nous vivions en 1913, nous aurions déjà enterré bien des amis, bien des proches, et peut-être serions-nous déjà morts nous-mêmes. L'espérance de vie était alors de 50 ans. Elle est aujourd'hui de 85 ans pour les femmes et de 78 pour les hommes. Ces chiffres disent les progrès fantastiques de la chirurgie et de la médecine. En 1913, il n'y avait ni antibiotiques ni sulfamides. Les maladies infectieuses étaient souvent mortelles. On mourait de la diphtérie, de la pneumonie, et même de la scarlatine ou de la rougeole. Sans parler du fléau de l'époque : la tuberculose. La vaccination n'avait encore éradiqué que la variole. En moyenne, un homme de 20 ans pouvait espérer vivre jusqu'à 63 ans seulement.

Mais si l'espérance de vie à la naissance est alors de 50 ans, c'est aussi, et peut-être surtout, parce que les bébés meurent beaucoup. 16 % meurent au cours de leurs trois premières années, 1 sur 6 ne fête pas ses 3 ans. C'est énorme, même si les efforts des hygiénistes ont réduit les chiffres : en 1900, c'était 1 nouveau-né sur 5 qui ne franchissait pas le cap des 3 ans. Cela s'explique par une mauvaise hygiène, des biberons archaïques avec des tuyaux en caoutchouc, du lait de vache trop fort, des croûtes de pain dur qui avaient traîné partout et qu'on faisait mâcher aux enfants pour faire venir leurs dents. La meilleure façon de protéger les enfants était de les nourrir au sein, ce qu'on faisait souvent pendant une année, parfois davantage. Pendant la guerre de 1914, on créera dans certaines usines de guerre qui emploient beaucoup de femmes, des chambres d'allaitement pour que les jeunes mères puissent continuer à nourrir leurs enfants.

Cette forte mortalité infantile avait des conséquences. Le risque de perdre les enfants conduisait les parents, les pères surtout, à censurer leurs sentiments, à s'endurcir par avance. Emilie Carle, une institutrice des Basses-Alpes, née avant 1914, en témoigne. Je cite : « Quand un enfant mourait, pour peu qu'il n'ait pas dépassé les cinq ans, on ne s'émouvait guère. L'homme disait à la femme : mais pourquoi pleures-tu ? Cet enfant ne fait faute à personne, au contraire, voilà une bouche de moins à nourrir. Que diable, ce n'était pas un gagne-pain. Cesse donc de pleurer[1]. » Il ne faut pas généraliser à partir de cet exemple, qui vient d'une région très particulière. Les réactions dans la bourgeoisie étaient très différentes, et d'ailleurs cet exemple ne dit pas que le père ne souffrait pas de la mort de l'enfant, mais il refusait de l'avouer. La guerre de 1914 va faire sauter ce verrou : la séparation fait prendre conscience aux pères qu'ils aiment leurs enfants ; ils leur écrivent, et leurs enfants leur répondent[2]. On entre dans la paternité moderne.

2

Le poids du travail

Les Français de 1913 travaillaient beaucoup. Deux personnages qui ne travaillent pas et qui occupent aujourd'hui dans notre société une place considérable n'existaient pratiquement pas alors. Ce sont les lycéens et étudiants d'une part, et à l'autre extrémité de la vie, les retraités.

En 1913, l'école est obligatoire jusqu'à 13 ans, et le travail des enfants de moins de 12 ans est en principe interdit. En principe, car l'interdiction n'est pas toujours respectée. Au-delà de 13 ans, on compte moins de 200 000 élèves, alors qu'une seule classe d'âge compte autour de 630 000 jeunes. Quant aux étudiants, ils sont 42 000 à comparer aux

2,3 millions d'aujourd'hui. Le personnage du lycéen ou de l'étudiant est absent en 1913. La plupart des jeunes travaillent dès la sortie de l'école : ils gardent les troupeaux, ils livrent les commandes des clients, ils descendent à la mine pousser les wagonnets de charbon. Quelle fierté quand, passés à l'abattage du charbon, ils ramènent à la maison une paye plus élevée que celle de leur père[3] ! Le salaire des enfants compte pour 20 % des ressources des familles ouvrières[4].

Et les vieux ? On ne parle pas en 1913 de troisième âge, car cela n'existe pas. Les vieux travaillent eux aussi. Quelques-uns ont une retraite : les fonctionnaires – du moins les titulaires –, les mineurs, les cheminots, certains employés. Mais ni les ouvriers ni les paysans n'ont de retraite. On a bien voté une loi en 1910 sur les retraites ouvrières et paysannes, mais elle n'aurait eu des effets qu'en 1930, et de plus elle n'avait pas obligé les employeurs à cotiser si leurs salariés ne cotisaient pas non plus. Or ceux-ci n'en voyaient pas l'intérêt : ils ne connaissaient pas précisément leur espérance de vie, mais ils savaient qu'ils mourraient avant d'avoir atteint l'âge de la retraite. Alors à quoi bon cotiser pour une retraite qu'on ne touchera pas ?

Les vieux continuaient donc à travailler tant qu'ils le pouvaient physiquement. C'était de plus en plus pénible, et de moins en moins rémunérateur, car comme leurs forces déclinaient, leurs salaires diminuaient. Et quand ils ne pouvaient plus travailler, ou bien un de leurs enfants acceptait de les prendre chez lui, ou bien ils allaient à l'hospice. L'hôpital public était un vaste mouroir de vieillards indigents.

3

Ceux qui ne travaillaient pas

Comme on n'allait en classe que jusqu'à 13 ans et qu'il n'y avait pas de retraites, on travaillait beaucoup. Mais certains ne travaillaient pas. Ferdinand Buisson, le directeur de l'enseignement primaire de Jules Ferry, député en 1910, divisait la société en deux groupes : ceux qui possèdent sans travailler et ceux qui travaillent sans posséder. La distinction ne vaut plus aujourd'hui, car les bourgeois travaillent : ils sont cadres supérieurs, exercent une profession libérale, etc. En 1913, l'idéal pour un bourgeois était de ne plus travailler, de vivre comme les aristocrates d'autrefois, de ses revenus. Vivre de ses rentes, comme le Père Goriot de Balzac.

A la veille de la guerre, on recense 560 000 propriétaires rentiers. Leur fortune est assez grande pour leur permettre de vivre des loyers de leurs immeubles « de rapport », de leurs fermages, des revenus de leurs placements, des emprunts russes. Ces rentiers font vivre des centaines de milliers de domestiques : on dénombre 960 000 domestiques logés, majoritairement des femmes, mais aussi des hommes. Parfois plusieurs, relativement spécialisés, au service d'un même ménage : une cuisinière, une femme de chambre et un cocher. Dans la rue la plus huppée d'Orléans, un ménage sur deux emploie ainsi au moins deux domestiques. Au total, il y a plus de domestiques en 1913 que de métallos.

Ceux qui travaillent sans posséder considèrent évidemment ces rentiers comme des parasites, des profiteurs qui vivent sur le dos des véritables producteurs de richesse. Le locataire qui paie péniblement son loyer sait qu'il permet au propriétaire de vivre tranquillement sans rien faire. Dans le théâtre lyonnais du Guignol, le propriétaire a un nom : c'est M. Vautour. Et dans la conscience ouvrière, la dignité c'est de vivre de son travail, c'est de produire, pas de profiter du travail des autres. Quand ils donnent à leur syndicat le nom de Confédération générale du Travail, les ouvriers de la Belle Epoque affirment l'éminente dignité du Travail.

4

Le privilège des vacances

Les vacances étaient à l'époque un privilège : celui des rentiers, des professions libérales, parfois des commerçants. Et des professeurs et instituteurs naturellement, puisque leurs élèves en prenaient, du 14 juillet au 1er octobre.

Les paysans ne prennent évidemment pas de vacances, mais les ouvriers non plus. Quand ils s'arrêtent de travailler, c'est souvent dramatique, car il est rare qu'ils aient des économies. Lorsque le père du jeune Léon Jouhaux, futur secrétaire général de la CGT et prix Nobel de la paix, était en grève, le gamin quittait l'école et allait travailler dix heures par jour pour trente sous[5]. La maladie, la grève et le chômage sont des catastrophes. Or ils sont fréquents. Beaucoup de productions suivent un rythme saisonnier, comme la mode aujourd'hui. Dans la production d'automobiles par exemple, il y a une campagne d'hiver et une d'été. Entre les deux, un chômage saisonnier, qui n'a rien à voir avec des vacances. On estime que pour 100 emplois disponibles, il y avait alors 130 à 140 ouvriers.

Nous ne mesurons pas ce qu'était alors le poids du travail. Sa durée était en moyenne de 10 heures par jour, voire de 12 heures, dans des usines comme les verreries, qui travaillaient en continu avec deux équipes qui se relayaient. Les mines, où le travail de fond est limité à 8 heures, en 1905, constituent une exception. La grande revendication ouvrière de l'époque, c'est la journée de 8 heures.

Mais elle ne vaut pas pour ceux qui travaillent chez eux. Or le quart des ouvriers est alors composé d'ouvriers à domicile. Le patron leur apporte la matière première à fabriquer, les peaux tannées pour les ouvriers de la chaussure, par exemple, et il paie un prix de façon, fixé à l'avance, quand il reçoit le produit fabriqué. L'ouvrier s'organise comme il veut, mais les prix de façon sont si serrés qu'il ne s'arrête pratiquement pas. Mémé Santerre, une tisserande du Nord, raconte ses journées et ses nuits à tisser dans la cave humide de sa maison[6]. La pression est telle qu'elle a travaillé même l'après-midi du jour de son mariage. C'est dire la précarité des ouvriers à domicile.

5

Les paysans

En 1913, pour la plupart, nous vivrions à la campagne. 40 % des Français seulement vivaient en ville, contre 75 % des Anglais. Ce qui ne veut pas dire que tous ces ruraux soient des agriculteurs : dans les villages, il y a aussi tous ceux dont les paysans ont besoin, maréchaux-ferrants, selliers, commerçants, etc. et l'instituteur, le receveur des PTT, le cantonnier. Mais les plus nombreux sont des paysans : on estime qu'il y a alors en France entre 7,9 et 8 millions d'agriculteurs, soit 35 % de la population active. Et l'agriculture produit à l'époque 40 % de la richesse nationale.

Nous avons aujourd'hui une image idéalisée du paysan d'autrefois. Elle est très loin de la réalité.

D'abord parce qu'elle unifie un monde très hétérogène, très divisé, avec de multiples différences entre propriétaires et non-propriétaires, et parmi ceux-ci entre métayers et fermiers, grandes et petites exploitations, agriculteurs qui produisent pour vendre, ou seulement pour vivre sur leur ferme, avec quelques bêtes, un potager et un peu de grain. Sur 3,5 millions d'exploitations de plus de 1 hectare, plus de la moitié, 55 %, ont de 1 à 5 hectares, mais un très petit nombre de grandes exploitations – à l'époque cela veut dire plus de 40 hectares – occupent presque la moitié du territoire cultivé. Et l'on compte 3 millions de journaliers et de domestiques de fermes ou ouvriers qui se louent les uns à la journée, les autres à l'année.

L'image du paysan d'autrefois est surtout fausse parce qu'elle ne dit rien de la dureté de sa vie. Beaucoup sont pauvres, vivent très difficilement, alors qu'ils s'épuisent au travail. Il n'y a pas de tracteurs, pas de moissonneuses-batteuses, très peu de machines. On laboure avec une charrue tirée par un cheval ou par des bœufs, parfois par des vaches ; on fait les foins et les moissons à la faux. Avec des journées de travail qui vont du lever au coucher du soleil, sous la pluie, le vent ou le gros soleil. Pour les petits paysans solognots qui s'embauchent à l'usine après la guerre de 1914, l'usine est de très loin préférable à la terre : on est au sec, au chaud, le travail se termine à heure fixe, et le salaire tombe tous les quinze jours[7]. L'usine, pour eux, c'est le progrès.

6

Le pain

En 1913, les Français mangeaient avant tout du pain. Pas de la baguette : du gros pain, en boules de plusieurs kilos, de 6 kilos par exemple, dans la famille paysanne du jeune Jacques Duclos, le futur leader communiste, dans les Hautes-Pyrénées. C'était la base de l'alimentation du peuple, à la ville comme à la campagne. Sur ce point, la différence avec la bourgeoisie était très nette. Ils buvaient aussi beaucoup de vin : 142 litres en moyenne par an et personne, femmes et enfants compris. C'est un des signes d'enrichissement, notamment des paysans : le vin du Midi – et d'Algérie – est en train de conquérir la France.

L'alimentation était peu variée. Les paysans trempaient la soupe. L'expression a disparu. On plaçait dans une assiette précisément « à soupe » des tranches de pain, souvent dur, sur lesquelles on versait un bouillon de légumes, avec parfois du lard, pour le ramollir. On trempait la soupe matin, midi et soir. Aux champs, on emmenait des quignons de pain, frotté d'ail ou d'oignon. On n'allait pas à la boucherie : on élevait des poules et on tuait le cochon. Les Duclos achetaient de la viande deux fois par an seulement, pour la fête locale, et pour le réveillon de Noël. Quand le voisin faisait son pain, tous les quinze jours, la mère de Duclos faisait cuire dans son four des haricots et des oignons avec une couenne de lard : c'était un régal[8].

A l'autre extrémité de la France, près de Cambrai, mémé Santerre, qui se lève à 4 heures du matin, prend une chicorée à 10 heures et mange des pommes de terre à midi, avec des tartines de fromage blanc.

A 16 heures, nouvelle chicorée, et soupe à 19 heures. Le pain trempé dans la chicorée ou la soupe est l'aliment de base.

Allons à la ville maintenant. A Paris, au début du siècle, une famille de deux enfants consommait près de 2 kilos de pain par jour : 750 grammes pour le père, 550 pour la mère et 320 pour chacun des deux enfants[9]. Ces chiffres sont confirmés pour d'autres villes : la ration quotidienne de pain d'un homme du peuple tourne autour de 800 grammes. La famille parisienne consomme en outre 300 grammes de légumes et 50 de beurre, deux litres de vin et un demi-litre de lait, mais, grand changement qui signale une amélioration du niveau de vie, de la viande tous les jours. En revanche, les fruits sont rares. Une orange est un beau cadeau de Noël : mémé Santerre l'appelle « fruit du paradis ».

Au total, l'alimentation est la principale dépense des milieux populaires. Elle pesait très lourd dans les budgets : 70 % chez les ouvriers, 60 % chez les employés, et parmi ces dépenses, le pain comptait pour un quart à un cinquième. Travailler, c'était au sens propre gagner son pain.

7

Visite aux usines Renault

Nous serions très surpris, si nous pouvions visiter les usines Renault telles qu'elles étaient en 1913. Nous avons gardé l'image de la grande usine de Billancourt, fermée depuis vingt ans. Mais l'usine de 1913 était très différente de cette cathédrale d'acier. Elle s'éparpillait sur une vingtaine de sites dans plusieurs îlots de Boulogne-Billancourt, ce qui obligeait des manœuvres à transporter les pièces d'un atelier à l'autre au cours de la fabrication, en traversant des rues[10].

Renault produisit en 1913 environ 4 500 voitures, 174 camions et 102 camionnettes. Mais il fabriquait dix modèles différents de voitures et cinq ou six types de camions. Le modèle le plus vendu cette année-là le fut à un peu moins de 1300 exemplaires. On était encore très loin des productions en série. Renault est alors plutôt un groupement d'ateliers. Il employait un peu plus de 4000 ouvriers, un tiers de manœuvres, deux tiers d'ouvriers qualifiés.

En 1912-1913, Louis Renault entreprit d'étendre dans ses usines le système Taylor. Ce système se répandait aux Etats-Unis. Il consiste à décomposer la production en opérations élémentaires, à exécuter ces opérations sur des machines spécialisées et à organiser cette succession d'opérations pour qu'il y ait le minimum de temps morts et de machines inactives, ce qui suppose de mesurer précisément le temps que prend chacune d'elles au chronomètre. Ford a appliqué ce type d'organisation pour sortir son célèbre modèle T en 1908, et il introduit en 1913 le travail à la chaîne, qui constitue la forme la plus aboutie de l'organisation du travail, mais ni la seule ni la première. Ses voitures coûtent alors moitié moins qu'en 1908, et il en produit plus de 180 000. Renault, qui est allé visiter les usines américaines, achète des machines spécialisées et introduit le chronométrage dans certains ateliers en 1912. Cela provoque une première grève, puis en 1913 une seconde qui dure plus de quarante jours.

Cet épisode appelle deux remarques. D'une part, la résistance ouvrière au taylorisme est moins un refus du progrès technique que de ses conséquences sur le salaire : en effet, la nouvelle organisation du travail entraînait une baisse très sensible des salaires. D'autre part, Renault a retenu du taylorisme ses aspects techniques. Il n'a pas compris que Ford, c'était la production de masse, la grande série, et des prix modestes. En 1913, l'automobile demeure en France une production de luxe. La voiture populaire attendra longtemps encore.

8

La grève

Les syndicats étaient faibles en 1913. Ils n'attendaient rien de l'Etat et de la loi. La solution de leurs problèmes était dans l'action directe contre le patronat. Mais ils avaient une sorte de mystique de la grève générale. Pour eux, la grève est plus qu'une action en vue d'un but : « elle éduque, elle aguerrit, elle entraîne et elle crée[11] ». Mais concrètement ? Les conflits étaient très durs, et ils retentissaient dramatiquement sur la vie privée. En voici un exemple un peu antérieur à 1913 que j'emprunte à Guéhenno, un écrivain qui avait douze ans en 1902[12].

Ses parents travaillaient dans la chaussure à Fougères. Son père, Jean, allait le matin à la fabrique chercher le travail à faire et rapporter le travail fait. Un hiver, sa mère tomba malade. Et voilà qu'une grève éclate. Son père fait la grève sans le dire. « Bientôt, il n'y eut plus d'argent. » Le jeune Guéhenno ne put payer le boulanger et revint « à la maison sans pain ».

> Ma mère me dit que c'était bien ainsi, que le pain qu'on n'avait pas payé ne passait pas. Alors il fallut bien lui avouer la vérité. Ma mère se leva, se peigna, s'habilla sans dire un mot : elle était blanche comme cire. Et la voilà partie à la fabrique. « Puisque les hommes ne veulent pas travailler, je vais travailler, moi », nous lança-t-elle sur la porte.

Dans la rue, elle s'effondre. Guéhenno, qui l'a suivie, la relève et la ramène chez eux avec l'aide de passants. Son père craque alors, va chercher du travail à la fabrique et revient en leur disant « avec une sorte de haine : "Tenez, vous en voulez de l'ouvrage. En voilà !" ».

Le lendemain, trois camarades de son père frappent à leur porte.

« Jean, on nous a dit que tu avais pris de l'ouvrage à la fabrique. On n'a pas voulu le croire, et alors on est venus te demander si c'était vrai. » Ma mère, du fond de son lit, cria : « Allez-vous-en. Vous n'avez pas honte. » Son père avoue : « Vous voyez bien que ma femme est malade. Je ne pouvais pas faire autrement. » Alors ce furent des cris, des injures. « Lâche, vendu ! » Le père Portelette, lui, ne cessait de répéter : « Jean, on n'aurait jamais cru cela de toi. »

Le père de Guéhenno n'a pas achevé le travail commencé.

Bien des années plus tard, quand ma mère et lui se disputaient ensemble, c'est toujours là ce qu'il lui reprochait : « A cause de toi, lui disait-il, j'ai été appelé lâche. » C'est la seule chose que les pauvres vieux ne se soient jamais pardonnée. Quant à moi, ce sont de ces choses peut-être qui m'ont appris ce que c'est que la dignité.

Comme le dit ailleurs Guéhenno, la grève, « c'était une affaire de pain, bien sûr, mais aussi une affaire d'honneur ».

9

Les ouvrières

On croit souvent qu'avant la seconde moitié du XXe siècle les femmes ne travaillaient pas, ou qu'elles restaient chez elles, ce qui n'est pas la même chose. En fait, le taux d'activité des filles et des femmes, tel que les statisticiens l'ont calculé d'après le recensement de 1911, tourne autour de 50 %. Les femmes représentaient alors le tiers de la main-d'œuvre ouvrière.

Mais il y a ouvrière et ouvrière. Une subtile hiérarchie organise cet univers. Au bas de l'échelle, les plus pauvres, les plus fragiles, les plus exploitées. Souvent des femmes seules chargées d'enfants, ou encore vivant «à la colle» sans être mariées. Elles travaillent en dehors de chez elles, à l'usine ou chez des particuliers, à la journée et de façon irrégulière. La prostitution n'est pas rare. On la rencontre surtout dans les quartiers vétustes et insalubres des centres-villes anciens.

A l'autre extrémité, les femmes, généralement légitimes, des ouvriers les mieux rémunérés, les moins exposés au chômage, comme ceux des ateliers de chemins de fer. Souvent, ces femmes se contentent de tenir leur ménage. Dans les 55 ménages de cheminots des rues proches du dépôt des chemins de fer de l'Etat, à Orléans, 41 femmes ne travaillent pas[13]. « Faites donc la cheminote ! » s'exclama un jour une femme quand sa sage-femme lui annonça qu'elle allait se marier mais continuerait à exercer son métier[14].

Entre ces deux extrêmes, bien des cas se présentent. Beaucoup de jeunes filles travaillent comme couturières jusqu'à leur mariage. A Orléans, 4 jeunes mariées sur 10 se disent couturières, alors qu'au recensement on en compte seulement 14 % dans la population féminine de plus de 13 ans. Couturière un jour, mais pas couturière toujours. Le mot désigne des situations très différentes : l'ouvrière d'usine, la couturière à domicile qui fabrique par douzaines des corsets ou des chemises pour un négociant qui l'exploite, celle qui travaille pour des dames qui lui commandent des robes ou des manteaux pour elles ou pour leurs filles, celles encore qui se rendent à date fixe dans des maisons bourgeoises pour l'entretien du linge.

Il faut compter enfin avec 800 000 domestiques, souvent des jeunes filles de la campagne placées en maison bourgeoise. Beaucoup se marient ensuite avec un paysan ; ce sont des partis recherchés : elles ont des économies et elles savent tenir une maison. Il y a là, dans la société d'avant 1914, une double circulation des pratiques entre la ville et la campagne et entre le peuple et la bourgeoisie.

10

La marche à pied

Si nous vivions en 1913, nous marcherions beaucoup.

Les paysans ne cessaient pas de marcher, pour aller et revenir de leurs champs, pour labourer, herser, faner, moissonner. Ils étaient toujours debout. Pour les grandes occasions ou les déplacements un peu éloignés, ils attelaient un cheval à une charrette, à un char à bancs dont le nom dit la nature. C'est ainsi que les candidats au certificat d'études rejoignent avec leur maître le chef-lieu du canton pour passer l'examen. C'est ainsi, souvent, qu'on se rend aux foires. Mais le plus souvent, on va à pied. Les écoliers des écarts font ainsi chaque jour plusieurs kilomètres par tous les temps. Ils emportent avec eux une gamelle pour leur repas de midi. Pas question de les conduire en voiture. Les adultes, eux aussi, se rendent souvent à pied au village voisin, à 4 ou 5 kilomètres. 10500 facteurs ont une tournée quotidienne d'au moins 28 kilomètres. L'administration, bonne mère, leur offre deux paires de chaussures par an. Le jeune mineur Georges Dumoulin, un futur leader de la CGT, fait le samedi soir, après sa journée de travail à la mine, 8 kilomètres à pied pour se rendre à l'école d'orateurs socialistes d'Avion, et autant pour revenir. Quand sa famille se résout à se rendre à Courrières où un ami lui a trouvé du travail, le père décide qu'elle ira à pied : deux étapes de 40 kilomètres chacune.

On comprend mieux alors pourquoi l'on a construit en France à cette époque tant de lignes de chemin de fer dont on savait très bien qu'elles ne seraient jamais rentables. Le réseau principal passe de 20 000 à 40 000 kilomètres de 1876 à 1912, auxquels les élus locaux ont ajouté 10 000 kilomètres de tortillards. Il fallait rapprocher le plus possible les gares des piétons. Ces lignes rendront de grands services pendant la guerre : qu'on pense au « Meusien » à voie étroite qui amena des millions d'obus à Verdun.

Dans les grandes villes, il existe des omnibus, ou des tramways tirés par des chevaux, mais ils coûtent relativement cher et ne vont pas très vite. Les banlieues et les faubourgs sont très mal desservis et leurs habitants font des kilomètres à pied pour aller travailler. Certes, les transports en commun se développent. Paris, où le métropolitain a ouvert sa première ligne en 1900, en compte six en 1913. Le progrès, c'est aussi la bicyclette, qui se répand rapidement puisqu'on en compte en France en 1914 3,5 millions contre 1,5 seulement dix ans plus tôt. Mais les familles les plus pauvres hésitent à payer les quelques sous du métro, et elles ne peuvent s'acheter des bicyclettes. La marche reste le moyen de déplacement le plus sûr et le plus économique. La guerre de 1914 sera une guerre de grands marcheurs.

11
Les logements

La crise du logement ne date pas d'hier ; elle était déjà vive en 1913. Une minorité de Français, les plus fortunés, habitaient une maison ou un véritable appartement. Je veux dire un appartement dont la porte donne sur une entrée ou un vestibule, à partir de laquelle se distribuent les pièces de réception, salon et salle à manger, les chambres à coucher où les visiteurs n'entrent pas, et la cuisine, de préférence un peu isolée, pour que ses odeurs n'envahissent pas tout l'appartement et pour que les domestiques n'entendent pas ce qui se dit.

Le logement populaire est très différent. Les pièces, quand il y en a plusieurs, ne sont pas distribuées à partir d'une entrée : on entre directement dans la pièce où l'on fait la cuisine et où l'on mange. S'il y a une chambre, on y accède en traversant cette première pièce. S'il n'y en a pas, c'est dans cette pièce qu'on couche. Et quand on travaille à domicile, c'est là aussi qu'il y a souvent la machine à coudre, la table du tailleur ou l'établi du cordonnier. Les WC sont sur le palier ou dans la cour, et servent à tous les habitants. Il ne faut pas être trop délicat.

Il y a plus grave : le surpeuplement. Dans les villes de plus de 5 000 habitants, plus du quart de la population vit à plus de deux personnes par pièce, la cuisine comptant comme une pièce. Plus du tiers des ménages de cinq personnes – un couple avec trois enfants – habitent des logements d'une ou deux pièces seulement. A Paris, on comptait en 1900 44 000 logements d'une seule pièce. Tous abritent au moins trois personnes, 10 500 quatre personnes, et 5 000 cinq ou plus. On comprend, dans ces conditions, que la tuberculose fasse des ravages. Ces logements sont certes tous dans ce qu'on appellera les îlots insalubres, mais toutes les villes ont des îlots insalubres, et qui sont densément habités. C'est le moment où l'on invente les HLM, qui sont des logements populaires conçus avec le plan et la distribution des logements bourgeois. Une entreprise au long cours.

12

Rendez-vous au café

Les Français de 1913 fréquentaient beaucoup les cafés ; c'était le lieu commun par excellence. On comptait en France en 1913 482 000 débitants de boissons pour 40 millions d'habitants, soit un pour 83 habitants. Ils sont 25 000 aujourd'hui. Il y avait toutes sortes de cafés.

La plupart des villages avaient au moins un café-bar, où l'on vendait parfois de tout. Là s'achevaient les achats et les ventes les jours de marché. Là attendaient les hommes, lors des enterrements, quand les femmes entraient à l'église. Là faisaient halte les voyageurs de commerce et les passants.

Chaque ville avait un ou deux grands cafés, comme celui de Moulins, place d'Allier, qui conserve son décor de 1899. Ces grands cafés avaient une clientèle fortunée, qui n'y venait pas pour boire un café en passant. C'était une sorte de club pour les hommes de la bourgeoisie ; ils s'y rencontraient régulièrement, ils y avaient leurs habitudes et leurs tables. Ils venaient y faire leur partie de cartes le soir.

Dans les quartiers populaires, les cafés étaient particulièrement nombreux, mais c'étaient d'autres cafés. A Roubaix ou Saint-Etienne, on compte en moyenne un café pour 50 habitants. C'étaient les hauts lieux de la sociabilité ouvrière. Comme leurs logements étaient exigus et surpeuplés, au sortir de l'usine, les ouvriers n'étaient pas pressés de rentrer chez eux ; ils entraient dans l'estaminet, le cabaret ou le bistrot, et ils s'y attardaient, à discuter, à jouer aux cartes, à boire, à rire, dans la fumée et le bruit. Ils étaient chez eux. Les cafés servaient de siège social à de nombreuses associations, boulistes autour de Lyon ou colombophiles dans le Nord, amicales, équipes sportives, orphéons, sociétés de chant, syndicats. On y discutait la politique locale ou la grève. Les patrons de café jouaient donc un rôle important, d'autant qu'en accordant ou refusant de faire crédit, ils exerçaient un pouvoir non négligeable sur leurs clients. C'étaient des agents électoraux appréciés, et parfois des indicateurs pour la police.

S'attarder au café conduisait aux scènes de ménage. L'ouvrier qui buvait rentrait chez lui souvent éméché ou ivre, parfois violent. L'argent qu'il dépensait au bistrot manquait cruellement au ménage. C'était le principal motif de divorce dans les familles ouvrières. L'alcoolisme est alors un fléau social que l'école républicaine combat avec persévérance et obstination.

13
Mauvaises odeurs

En 1913, les lieux publics sentaient souvent mauvais. Les usages de propreté étaient très différents des nôtres. D'abord parce que l'eau courante était une rareté. A la campagne, elle était inconnue : on allait chercher à la fontaine l'eau pour la boisson, les vaisselles, les nettoyages, la toilette. Avoir un puits dans son jardin était un avantage. A la ville, il a fallu du temps pour installer l'eau courante. Elle est arrivée d'abord dans les immeubles bourgeois, et les appartements construits depuis 1880 ont en général des cabinets de toilette et des WC. Dans les quartiers populaires, les WC embaument les cours d'immeubles ou les paliers. Ici, les immeubles les mieux équipés ont un robinet à chaque étage, mais beaucoup d'immeubles n'ont pas l'eau : les habitants vont la chercher à la fontaine publique, dans la rue. Ce sont des lieux de sociabilité, où l'on cause, en attendant son tour de remplir ses seaux.

Comme l'eau est rare, on se lave peu. On lave ce qui se voit : le visage et les mains. Pour se laver entièrement il faut aller aux bains-douches municipaux. C'est un équipement que les communes progressistes privilégient mais qu'on utilise pour les grandes occasions, trois ou quatre fois dans sa vie. A la caserne, dans les prisons, dans les internats scolaires, les règlements prescrivent une douche par semaine, quand c'est possible. C'est le cas dans tous les lycées de filles, plus modernes ; en revanche dans 40 lycées de garçons sur 109, les internes se contentent de bains de pieds hebdomadaires, faute de douches.

Dans la bourgeoisie, quand il n'y a pas de baignoire, ce qui est fréquent, on se lave dans un tub : une sorte de bac à douche circulaire en tôle, qu'on pose par terre et sur lequel on monte pour se verser de l'eau sur le corps, se savonner et se rincer. C'est ce qu'on appelle la « grande toilette ». A la campagne, on se lave sur la pierre d'évier, ou dehors dans une cuvette. Le dimanche, on voit les hommes se raser, miroir dans une main, rasoir de l'autre. L'usage de la brosse à dents est pratiquement inconnu.

Se dénuder pour se laver ne va pas de soi. Les mineurs, qui se lavent entièrement dans un cuveau de bois, avec l'aide de leur femme, quand ils rentrent du travail, sont une exception. La propreté se heurte à des tabous. En 1936 encore, une institutrice de Chartres, constatant qu'une adolescente sentait un peu fort, tenta d'expliquer à sa mère qu'à cet âge, il fallait prendre quelques soins de toilette intime. Elle s'est attiré cette réplique outragée : «J'ai trente-cinq ans, Madame, et je ne me suis jamais lavée là[15] ! » La propreté n'est pas qu'une affaire de tuyaux, de lavabos, de baignoires et de douches ; c'est aussi une culture.

14

Les travaux domestiques

Les travaux domestiques prenaient beaucoup de temps au début du XXe siècle. Et je ne parle pas seulement du ménage ou de la vaisselle.

En 1913, le chauffage central était une nouveauté, limitée à quelques logements bourgeois. On se chauffe avec des poêles en fonte ou en faïence dans l'Est et il n'y a souvent qu'une pièce à feu. La cuisinière en fonte noire, qui sert à cuire les aliments, chauffe les logements populaires. Elle s'est imposée dans beaucoup de fermes, mais dans d'autres, la soupe cuit encore dans des marmites suspendues dans la cheminée. Faire le feu suppose tout un travail : aller chercher le bois, le scier et le fendre, vider les cendres. A la ville, le charbon gagne du terrain, mais il faut le stocker. Et le payer.

J'ai déjà évoqué la rareté de l'eau courante, la nécessité d'aller chercher l'eau au puits ou à la fontaine, et ses conséquences pour la toilette et l'hygiène. Elle faisait aussi de la lessive une lourde entreprise. On plaçait le linge sale dans un cuveau en bois. Par-dessus, on répandait de la cendre qui servait de savon. On versait ensuite de l'eau bouillante, qu'on recueillait par un orifice en bas du cuveau, et on la faisait rebouillir, avant de la reverser de nouveau. On recommençait plusieurs fois. Après quoi on rinçait le linge à la rivière ou au lavoir, en le battant sur une planche pour en faire sortir la saleté. C'était la grande lessive. Elle prenait tant de temps et de travail qu'on la faisait seulement deux fois par an. En ville, elle était souvent impossible, faute de place, ce qui donnait une clientèle aux blanchisseuses et aux blanchisseries industrielles.

Les lavoirs étaient des hauts lieux de la sociabilité féminine. On y tenait la gazette du village ou du quartier. Mais laver le linge deux fois par an obligeait à en avoir beaucoup si l'on voulait en changer. D'où l'importance des trousseaux que les mères et les jeunes filles accumulaient : des draps, des serviettes, des torchons, des chemises, par douzaines ou davantage dans les familles les plus aisées.

Le progrès, en 1913, c'est la lessiveuse. Un grand récipient en tôle galvanisée, de 40 à 50 centimètres de diamètre au sommet et de 70 ou 80 de haut. On y entassait le linge sale, saupoudré de cendre ou de savon, autour d'un tuyau vertical, on versait de l'eau et on plaçait la lessiveuse sur la cuisinière. L'eau chaude remontait par le tuyau et redescendait en lavant le linge. Avec la lessiveuse, un cadeau de mariage apprécié, le lavage du linge se simplifie, et il devient plus fréquent. Les lavoirs perdent leur utilité et leur fonction sociale. Les touristes qui les visitent aujourd'hui n'imaginent ni le poids du travail, ni les échanges entre femmes qu'ils abritaient.

15

Langer les enfants

Même le soin des bébés nous étonnerait aujourd'hui. D'abord, ils naissaient à la maison, dans un grand remue-ménage de bassines auquel le père aidait souvent. Les maternités étaient rares et, quel que soit le milieu, la plupart des femmes accouchaient chez elles, assistées par une sage-femme. Le médecin n'intervenait guère que dans des milieux privilégiés.

Les découvertes de Pasteur et l'ampleur de la mortalité infantile avaient suscité, au tournant du siècle, la naissance de la puériculture. Au nom de la science médicale, elle prescrivait des règles strictes. Les gastro-entérites, principale cause de mortalité des bébés, étant dues à l'alimentation, il fallait nourrir les nouveau-nés au sein au moins sept mois, sinon plus, car le lait maternel est aseptique. Pas de microbes ! Les médecins condamnent les biberons que l'enfant tète par un tuyau de caoutchouc impossible à nettoyer, et conseillent les biberons modernes, en verre, à tétine de caoutchouc, encore très minoritaires. Surtout, ils ordonnent de les stériliser soigneusement. Les laits en poudre commencent seulement à apparaître et l'on donne aux bébés du lait de vache, mais il est trop fort, et il faut le couper d'eau bouillie pour la purifier. La deuxième année, on leur donne des bouillies, mais, prescrivent les médecins, il ne faut pas se presser de les faire manger comme les grands. Pas de fruits, sauf s'ils sont cuits. On lange les bébés, avec une couche pliée en triangle, relevée entre les jambes, une couche-éponge et un lange de laine qui couvre les jambes et qu'on serre autour de l'enfant pour qu'il ne puisse le défaire et risquer de prendre froid.

Cela dit, les prescriptions des médecins ne touchent que les mères qui les consultent, et celles des milieux populaires n'en avaient ni le temps ni le budget. Aussi les pratiques condamnées ont-elles la vie dure. Et dès qu'ils marchent, on habille les enfants d'une robe qu'ils portent jusqu'à 6 ou 7 ans, sans rien dessous, si bien que pour savoir si c'est fille ou garçon, les institutrices de maternelle les retournent[16]. D'où le prestige, pour les garçons, de la première culotte.

Cette puériculture insistait beaucoup sur la règle : « Ne mettez jamais vos enfants au sein sous prétexte qu'ils pleurent » ; « Il est très facile de régler un nourrisson ; il suffit de se résigner à l'entendre crier pendant deux ou trois jours. » Elle demande aux mères de ne pas céder à leur affectivité. On est dans l'univers éducatif du « qui aime bien châtie bien». Le «Il ne faut pas gâter les enfants» devait s'appliquer dès le premier jour. Derrière cette puériculture, il y avait aussi une conception de l'éducation dont il est difficile de dire l'audience.

16
L'information

Nous avons beaucoup de peine à imaginer un monde sans médias. Or il n'y avait avant la Grande Guerre ni télévision, ni même la radio, car elle se répand en France dans les années 1930 et l'on compte 5,2 millions de postes en 1939 : c'est assez pour donner un grand rôle à la radio de Londres pendant l'Occupation, mais cela ne fait que 4 ménages sur 10. En 1913, la radio était totalement inconnue : on ne pouvait l'écouter comme aujourd'hui, en faisant sa toilette ou en petit-déjeunant.

Comment alors connaissait-on les nouvelles ? On les apprenait, avec retard, par la presse. C'est la grande époque des quotidiens nationaux ou régionaux, *La Dépêche*, *Le Progrès*, etc. La grande époque aussi de centaines de petits journaux locaux, qui paraissent une ou deux fois par semaine, parfois trois, *L'Indépendant de Louhans, L'Eclaireur du Gâtinais,* etc. C'est par eux que l'on apprenait les décès, les naissances, mais aussi les événements politiques. Quand le gouvernement voulait envoyer un message, il faisait placarder des affiches, comme ce sera le cas pour la mobilisation, ou il télégraphiait aux préfets, qui répercutaient l'information aux maires. Dans les villages, le garde champêtre prenait son tambour pour crier aux carrefours les avis à la population.

Et comment les simples particuliers communiquaient-ils entre eux ? Ils téléphonaient peu, car il y avait seulement 310 000 abonnés au téléphone, qui s'en servaient d'abord pour leurs affaires. Rien à voir avec les 60 millions de portables d'aujourd'hui. Quand on avait une nouvelle urgente à transmettre, un décès à annoncer par exemple, on envoyait un télégramme. Autrement, on écrivait des lettres. A la veille de la guerre, 1,7 million de lettres circulent en une année ; elles sont portées à domicile par 24 000 facteurs. Le lien social passait par la lettre, d'où l'importance du savoir lire et écrire. Un tableau d'époque émouvant : le petit-fils qui lit à sa grand-mère illettrée la lettre de son frère au régiment. Les lettres vont littéralement exploser pendant la guerre de 1914 : chaque jour, entre 3 et 4 millions de lettres monteront vers les soldats, et 1,8 à 2 millions redescendront vers l'arrière. On n'avait ni la radio ni le téléphone, mais on écrivait. Le lien social reposait sur l'écrit et l'écriture. D'où le rôle central de l'école.

17

Mythe et réalité du certificat d'études

Il faudrait en finir avec le mythe d'une école où régnaient l'ordre et le silence, où les élèves apprenaient tous à lire, écrire et compter, où ils connaissaient les grandes dates de l'histoire de France, les départements avec leurs préfectures et sous-préfectures, et les fleuves avec leurs affluents. La réalité était bien différente.

D'abord, les classes étaient très lourdes. Elles comptaient en moyenne plus de trente élèves. Mais cette moyenne masquait de larges écarts. En Seine-et-Oise, en 1901, une classe sur cinq comptait plus de 50 élèves, et une sur quatre seulement 30 ou moins. Les classes uniques des petits villages étaient moins chargées, mais il fallait enseigner à la fois à des grands et à des petits, avec la difficulté supplémentaire d'une fréquentation irrégulière.

L'école avait fait d'incontestables progrès. En 1913, moins de 5 % des conscrits ne savaient ni lire ni écrire. Mais le certificat d'études ne concernait que les bons élèves. Le maître ne présentait d'ailleurs à l'examen que ceux qu'il jugeait susceptibles de réussir. Au total un enfant sur trois seulement obtenait le précieux diplôme. Encore ne garantissait-il chez les lauréats que des apprentissages solides d'écriture, d'orthographe et de calcul. En sciences, histoire ou géographie, les acquis restaient minces.

Et les autres ? On ne s'en occupait guère. L'idée que tous les élèves peuvent et doivent réussir était alors totalement absente. Certains enfants étaient forts, d'autres faibles ; certains agiles et d'autres maladroits. De même certains apprenaient, et d'autres non.

C'était ainsi. Jamais un inspecteur primaire ne reprochait à un maître d'avoir de grands élèves qui ânonnaient encore : il était normal qu'il y eût des cancres. Mais inversement le maître qui restait plusieurs années sans succès au certificat d'études était mal noté : il avait certainement aussi de bons élèves, et il n'avait pas été capable de les faire réussir.

Comme les mauvais trouvaient malgré tout une place dans la société, leur échec n'inquiétait personne : il était dans l'ordre des choses. Il faudra des années pour que l'école se sente partiellement responsable de l'échec des élèves. Très partiellement, car la lutte contre l'échec scolaire engagée paraît-il depuis plus de trente ans n'a guère donné de résultats.

18

Le baccalauréat

En 1913, le baccalauréat ne faisait pas la une des quotidiens. Un peu moins de 8000 lycéens l'ont obtenu cette année-là. Il n'existait ni baccalauréat professionnel, ni bac techno, et l'examen était en outre beaucoup plus dilué dans le temps : il y avait deux sessions, l'une en juillet, l'autre en octobre, et deux parties, la première qui se passait à la fin de la classe de première, et, pour ceux qui l'avaient obtenue, une seconde partie à la fin d'une des deux classes terminales, philosophie ou mathématiques élémentaires. Le bac de 2013 ne ressemble donc guère à celui de 1913 : le mot est resté le même, mais la réalité a changé.

Le baccalauréat sanctionnait une culture humaniste sans utilité immédiate, mais qui caractérisait l'élite, la bourgeoisie. Beaucoup de jeunes bourgeois n'allaient pas au-delà ; être bachelier suffisait à les distinguer, et ne pas avoir fait d'études au-delà ne les empêchait pas de faire de belles carrières. Un exemple parmi beaucoup d'autres : Jean Monnet. Le père de la Communauté européenne du charbon et de l'acier n'avait pour tout diplôme que la première partie du baccalauréat ; son père avait jugé plus formateur pour lui, après son succès en 1906, de l'envoyer vendre du cognac à Londres.

Une minorité de bacheliers poursuivait des études. On comptait alors 41 000 étudiants, essentiellement de futurs médecins et des juristes : juges, avocats, notaires. Certaines facultés des sciences commençaient à développer des formations d'ingénieurs, mais les classes préparatoires aux grandes écoles, essentiellement Polytechnique, Centrale et

Saint-Cyr, prélevaient les meilleurs bacheliers, en tout, pas plus de quelques milliers.

Cette élite prestigieuse, issue du secondaire, tenait les premiers rôles. Elle ne suffisait pas à fournir à l'économie les collaborateurs qualifiés – on ne disait pas encore les cadres – dont elle avait besoin. Ils venaient de l'enseignement primaire supérieur et d'un enseignement pratique en plein essor que couronnaient depuis longtemps les écoles des arts et métiers. Cet enseignement très solide n'avait pas honte de se vouloir utile. Sur le marché du travail, les titulaires du brevet supérieur, qui se situait pratiquement au même niveau que le baccalauréat, comme ceux des diplômes d'écoles professionnelles d'horlogerie, d'optique ou autre, ou encore d'écoles pratiques du commerce et de l'industrie, étaient très recherchés. Ils n'apparaissaient pas sur le devant de la scène. La modernité économique et technique leur doit pourtant beaucoup.

19

La bourgeoisie

La bourgeoisie n'a pas disparu depuis la Grande Guerre, mais elle s'est beaucoup transformée. Pour elle, 1913, c'était vraiment la Belle Epoque.

La bourgeoisie est un ensemble de familles qui occupent certaines positions sociales et se transmettent une fortune. La fortune est essentielle, mais une fortune récente fait un parvenu, pas un bourgeois. Une femme d'officier doit par exemple avoir du bien. Pas question qu'elle ait un travail rémunéré. Jusqu'au début du XXe siècle l'armée n'autorise le mariage que si elle a en dot au moins 1200 francs de rente. C'est le salaire d'un instituteur en début de carrière !

La vraie bourgeoisie commence autour de 250 000 francs de fortune. Placé en immeubles de rapport, en fermes, en emprunts des compagnies de chemins de fer ou de l'Etat russe, ce capital rapporte au moins 10 000 francs par an, ce qui permet de vivre bien. Beaucoup de rentiers ne dépensent pas tous leurs revenus, si bien que leur fortune grossit automatiquement, sans qu'ils fassent rien. Ils laissent à leurs héritiers plus qu'ils n'avaient eux-mêmes reçu ! Il faut dire qu'à l'époque, l'impôt sur le revenu n'existait pas. C'est un des grands débats politiques de 1913, car les radicaux veulent le créer, ce qui passe alors pour une révolution.

La fortune se transmet en deux temps : par la dot et par l'héritage. Le jeune bourgeois prend une position sociale, et la dot de sa femme l'aide à tenir son rang. Quand il hérite, il peut cesser de travailler. On trouve ainsi beaucoup d'avocats qui ne plaident plus, d'officiers et de juges qui ont renoncé à l'épée ou à la robe.

Les différences régionales sont très fortes : la bourgeoisie parisienne est beaucoup plus riche que celle de Toulouse ou même de Lyon, les industriels sont plus puissants à Lille qu'à Bordeaux et ainsi de suite. Pour simplifier, à côté des propriétaires rentiers, on trouve des négociants et industriels, puis les professions libérales : 6000 à 7000 avocats, 8500 notaires, 28000 médecins, en forte augmentation, 13000 pharmaciens, des ingénieurs, des juges, 31000 officiers, des préfets, des administrateurs… Leurs revenus sont très variables. Un médecin de province gagne entre 8000 et 12000 francs par an mais une centaine de grands médecins parisiens dépassent 40000 francs. Un grand avocat parisien, comme Waldeck-Rousseau, qui dirigeait le gouvernement en 1900, recevait plus de 30000 francs d'honoraires. Un préfet reçoit en moyenne 23000 francs, un général de division 19000. Ces traitements – le mot « salaire » est réservé au peuple – permettent aux boursiers de constituer une fortune qui fera de leurs enfants des héritiers. Mais le mérite scolaire républicain ne suffit pas alors pour faire des bourgeois : il y faut en outre une fortune héritée, c'est-à-dire une famille.

20

Les bourgeoises

Avant la Grande Guerre, on les reconnaissait facilement dans la rue : une dame de la bonne société ne sortait pas sans son chapeau et ses gants. Une femme en cheveux ou avec un fichu sur la tête était une femme du peuple, une ouvrière. Les paysannes portaient souvent un fichu ou, dans certaines régions, une coiffe, notamment le dimanche pour la messe.

Les dames ne travaillent ni en dehors de chez elles, ni chez elles. Ce sont des maîtresses de maison. Elles ont au moins une bonne dont elles organisent le travail. Elles ont appris leur rôle aux côtés de leur mère, en faisant la jeune fille de la maison les jours de visite, celle qui sert à ces dames le thé et les petits gâteaux. Mais elles sont beaucoup plus cultivées qu'on ne l'imagine. L'enseignement secondaire féminin public date de 1880, et il ne compte en 1913 que 33 000 élèves, dont plus du tiers dans les classes élémentaires. Il ne conduisait d'ailleurs pas jusqu'au baccalauréat. Mais beaucoup de jeunes filles de bonne famille, comme on disait à l'époque, passaient quelques années dans des institutions privées, comme celles des Dames du Sacré-Cœur ou des Ursulines. Elles y apprenaient à dessiner, à peindre, à jouer du piano et à chanter, parfois même, en 1913, à jouer au tennis. On leur faisait lire les grandes œuvres, et recopier des poèmes. On leur apprenait les bonnes manières. Leur culture n'était pas scolaire, mais elle était réelle.

Une fois mariées, ces dames entretenaient une intense sociabilité de classe. Elles passaient leurs après-midi à se recevoir. Chacune avait son jour de réception, qu'elle indiquait sur ses cartes de visite : Mme Untel, 1er et 3e jeudi. A Nevers, 27 000 habitants, 178 dames avaient ainsi leur jour en 1907[17]. Ce jour-là, elles se tenaient dans leur salon, assises à droite de la cheminée, ce qui permettait de les identifier aussitôt. Des rafraîchissements ou du thé, des gâteaux étaient prêts. Les visiteuses arrivaient, bavardaient vingt à trente minutes – s'attarder était mal élevé – puis allaient rendre une autre visite. Un réseau de sociabilité, parallèle à celui des hommes, se tissait ainsi, fait de potins, de banalités, mais aussi d'influences. De temps à autre, des dîners très codifiés réunissaient hommes et femmes un moment, les hommes se retirant ensuite pour fumer. La politesse voulait que les invitées rendent ensuite une visite de remerciement, qu'on appelait trivialement « visite de digestion ».

Cet univers supposait fortune et domesticité. Il reposait sur un ensemble de codes non écrits inaccessibles au profane qui n'ont peut-être pas tous disparu.

21

Artisans et commerçants

En 1913, la société était globalement divisée en deux. D'un côté le peuple, paysan et ouvrier, qui travaillait durement ; de l'autre, la bourgeoisie et l'aristocratie, la classe de loisir, comme la définissait en 1899 un sociologue américain, la bonne société pour parler comme les gens distingués. C'est ainsi en tout cas que les Français se voyaient eux-mêmes.

La réalité était plus complexe, plus diverse. Une toute petite bourgeoisie prospérait, encore populaire par son mode de vie et ses manières, comme par ses revenus, mais qui entretenait des projets d'ascension sociale pour ses enfants. C'est pourquoi elle se contentait souvent d'un enfant unique, voire de deux si le premier n'était pas un garçon : pour réussir, mieux valait ne pas disperser ses efforts.

Cette petite classe moyenne était très variée. On y trouvait d'abord les artisans et commerçants. Les progrès de l'agriculture, l'ouverture des villages avaient fait fleurir dans les bourgs de très nombreux métiers. Voici, entre beaucoup d'autres, un village du Poitou. Parmi ses 1700 habitants, on trouve 9 maréchaux-ferrants et 9 maçons, 3 charpentiers et 7 menuisiers, 8 épiciers, 7 meuniers, 3 forgerons et 3 mécaniciens, 1 marchand de tissu… En tout 117 artisans ou commerçants[18]. Il manque ici un grainetier, personnage important car il vend parfois la semence à crédit. En revanche, à côté des deux cafetiers, figurent deux marchands de vin en gros : « La démocratie paysanne triomphante s'offrait le vin du Midi[19]. »

L'autre vivier d'aspirants à la bourgeoisie était le monde des employés et petits fonctionnaires, receveurs des postes, commis aux écritures, etc. Ils ne craignaient pas le chômage, ni les mauvaises années. Ils avaient le culte de la belle écriture, parfaitement lisible avec ses pleins et ses déliés, car c'est elle qu'ils employaient quotidiennement, dans des entreprises ou des administrations que n'avait pas encore transformé la machine à écrire, pourtant bien connue.

La promotion sociale, à laquelle aspirait cette frange supérieure du milieu populaire, passait par trois escaliers. Le premier, le plus connu, était l'école. Les boursiers étaient peu nombreux, mais ils réussissaient de belles trajectoires. Pétain par exemple. Le second était l'entreprise, moins visible, plus aléatoire, mais tout aussi efficace. Et il y en avait alors un troisième, qu'on oublie souvent : l'élection. Les élus, députés, sénateurs, maires et conseillers généraux sortaient du peuple plus souvent qu'aujourd'hui. La République de 1913 était probablement plus égalitaire que la nôtre.

22

La vie de château

Quelques familles, un tout petit nombre, constituaient à elles seules un autre monde, dans la France – mais peut-être faut-il dire l'Europe – de 1913 : les aristocrates.

Ce sont des familles, car leur position au sommet des hiérarchies sociales et mondaines repose sur un réseau de relations soigneusement entretenu par des mariages. Difficile même aux bourgeois d'y entrer. Fiers de leurs ancêtres, les aristocrates vivent six mois l'été dans leur château, et les six autres mois en ville, dans leur hôtel particulier. Servir la République contrarie leurs convictions, et on les rencontre surtout dans la diplomatie. En revanche, leurs traditions les mettent volontiers au service de l'armée ou de la marine, la Royale, comme on dit. En fait, leur éventail de carrières est relativement restreint ; ils se destinent aux professions libérales les plus prestigieuses, au monde des arts et du patrimoine, et plutôt que dans le commerce ou l'industrie, ils s'investissent dans la banque, les assurances, l'administration des sociétés, là où l'argent devient finance. Ils s'y allient avec la grande bourgeoisie des Rothschild ou des Schneider.

Milieu socialement fermé, mais souvent très international – il y a des cousins en Autriche, en Ecosse ou ailleurs –, ces familles sont servies par une nombreuse domesticité. Les enfants sont élevés par une nurse, puis par un précepteur, qui mangent avec la famille, et non à la cuisine. Leur éducation se poursuit dans un collège souvent catholique, car la religion fait partie de leur culture, mais sans exagération, car il ne faut pas manquer aux règles du bon ton et l'excès est aussi blâmable en matière de religion qu'en toute autre[20]. Ils pratiquent aussi les sports : natation, équitation, tennis. Les manières obéissent à un code précis, qui ne s'apprend pas dans les livres.

En fait, l'entretien de ce réseau de relations demande tout un travail mondain qui dévore le temps : visites, réceptions, chasses, bals, œuvres charitables, c'est une occupation à plein temps, et qui coûte cher, en toilettes, en cadeaux, en réceptions. En 1913, si l'aristocratie financière prospère, l'aristocratie ancienne est en déclin : elle maintient son style de vie très onéreux, alors que les revenus qu'elle tire de ses grands domaines reculent du fait de la dépression agricole. Elle ne résistera pas aux bouleversements de la guerre et à l'inflation, mais elle a laissé beaucoup de traces…

23

Les catholiques

Les repères politiques de 1913 n'étaient pas les nôtres, car la question religieuse tenait une place décisive qu'elle a perdue.

L'affaire Dreyfus avait coupé la France en deux. D'un côté, une conception de la société fondée sur l'obéissance, la discipline, le respect des traditions et de l'ordre établi. De l'autre, la liberté individuelle et le progrès par la science et la libre pensée. Etre républicain, à l'époque, c'était choisir ce camp. Or l'Eglise catholique constituait la principale force sociale de l'autre camp. D'où le combat engagé contre elle dans le sillage de l'affaire Dreyfus.

L'influence de l'Eglise reposait sur deux bases. D'un côté, les prêtres et les évêques. De l'autre, les congrégations. C'étaient, ce sont toujours, des associations dont les membres ont fait vœu de pauvreté, de chasteté et d'obéissance, et qui se consacrent à des objectifs divers : l'enseignement, le soin aux malades, les missions, etc.

La loi de 1901 sur les associations visait en fait les congrégations. Beaucoup de congrégations féminines étaient autorisées. La loi obligea celles qui ne l'étaient pas à demander l'autorisation. Les radicaux l'ont généralement refusée, puis ils ont voté en 1904 une loi interdisant l'enseignement aux religieux et religieuses, même autorisés. Il y avait alors en France environ 35 000 religieux, comme les Frères des écoles chrétiennes, et 130 000 bonnes sœurs, en robe et en cornette. Les deux tiers enseignaient. Sauf quelques exceptions, notamment les congrégations hospitalières dont on ne pouvait pas se passer, faute d'infirmières, les congréganistes n'eurent d'autre choix que de partir à l'étranger pour continuer leur vie monastique, ou bien de quitter l'habit religieux, se «séculariser» et vivre plus ou moins comme tout le monde. Les deux tiers des écoles catholiques se reconstituèrent, dans un local qui n'appartenait plus à la congrégation, et avec des maîtres ou maîtresses en habit civil. Pas moins de 30000 religieux et religieuses choisirent l'exil pour vivre comme ils en avaient fait le vœu. D'autres enfin abandonnèrent la vie religieuse.

L'Eglise catholique se trouve ainsi, en 1913, privée de deux grands moyens d'influence, l'enseignement et les congrégations. Mais les religieux exilés en Espagne ou en Belgique restent des Français : ils seront mobilisés. Beaucoup reviendront, mais pas tous. Leur participation à la guerre qui vient entraînera la mise en veilleuse des mesures contre les congrégations : il sera difficile de les chasser du sol qu'ils auront défendu.

24

L'étendue de la question religieuse

On a vu la guerre que les radicaux avaient menée une dizaine d'années avant 1913 contre les congrégations catholiques. En 1913, elle couvait encore, et les catholiques s'estimaient persécutés.

En 1905, pourtant, la loi de séparation avait voulu mettre un point final à ce conflit. Les républicains qui l'ont fait voter, comme Briand et Jaurès, voulaient tourner la page, pour s'occuper de la question sociale. D'un côté, ils suppriment les avantages dont bénéficiait le clergé, notamment ses traitements. De l'autre, ils garantissent aux catholiques, comme à tous, la liberté de pratiquer leur culte. C'était une sorte de traité de paix. Mais tout le monde ne le voyait pas ainsi. Pour les laïques les plus avancés, ce n'était qu'une étape : il fallait continuer le combat contre la religion, qu'ils assimilaient au fanatisme et à l'obscurantisme.

Le combat continue donc. Les évêques craignent de manquer de prêtres, puisqu'ils ne sont plus payés. C'est pour eux une question de survie. La loi leur a rendu leur liberté : n'étant plus fonctionnaires, ils n'ont plus de comptes à rendre aux préfets. Ils sont plus offensifs. Des associations de parents catholiques luttent contre des manuels scolaires qu'elles jugent impies. Elles font condamner un instituteur qui avait déclaré en classe que ceux qui croient en Dieu sont des imbéciles. De leur côté, les instituteurs poursuivent des évêques pour diffamation après des déclarations contre l'école sans Dieu. On poursuit vainement pour reconstitution de congrégation dissoute des religieux vêtus en civil, qui paient leur loyer et auxquels leur supérieur a écrit pour les relever de leurs vœux et leur rendre leur liberté. Bref, la guerre continue. Avec des conséquences parfois étonnantes.

La loi de 1905 avait donné la propriété des églises à des associations paroissiales. Mais les évêques avaient refusé de les constituer, parce qu'ils ne les contrôlaient pas. On avait donc remis les églises aux communes. Or certains maires refusent de les entretenir. On a même vu un maire interdire aux fidèles de réparer à leurs frais le clocher qui menaçait ruine[21]. Ce fut l'une des raisons de la loi de 1913 sur les monuments historiques : l'Etat accorda au patrimoine architectural la protection qu'il refusait aux lieux de culte.

La France qui va basculer dans la guerre est profondément divisée. A un collègue qui soulignait la proximité de leurs positions politiques, Poincaré, qui est élu en 1913 président de la République, répondit un jour : « Je vous demande pardon, mon cher ami, il y a entre nous toute l'étendue de la question religieuse. »

25

Cinéma, fanfares et sports

Les Français de 1913 allaient au cinéma, et avec leurs enfants, le samedi ou le dimanche. Du moins en ville, car à la campagne, il fallait se contenter des films que montraient des forains de passage.

Le cinéma était à l'époque la grande nouveauté, le grand spectacle populaire. Depuis quelques années, il s'était détaché des baraques foraines et des arrière-salles de cafés où il avait débuté, mais il conservait encore des attaches avec les spectacles populaires des foires. Avant le film, on montrait des attractions que les programmes annonçaient. Les salles de cinéma proprement dites, avec une cabine séparant les appareils du public, se multipliaient depuis 1908, financées par des entrepreneurs de spectacle ou déjà par Pathé, suivi par Gaumont, qui constituaient leurs réseaux. Elles comprenaient une buvette dont la recette permettait de pratiquer des tarifs modestes, modulés selon les places, de l'ordre d'un franc la place quand une journée de travail était payée quatre ou cinq. Comme les films étaient muets, un pianiste ou un musicien les accompagnait. Les plus prisés étaient des contes fantastiques, Fantômas, des mélodrames ou des policiers comme les *Nick Carter*. Le public s'enthousiasmait pour les histoires et participait au spectacle. Quand le méchant menaçait le bon, il lui criait de faire attention. Il scandait les divers épisodes d'exclamations diverses.

Le développement du cinéma entraîne le recul des fanfares et orphéons. Les villes avaient toutes leur kiosque à musique, où se produisait le dimanche après-midi la fanfare du régiment, un orphéon municipal ou une association musicale. En 1909, on recense encore 1 800 harmonies et 3 500 fanfares qui organisent concerts et retraites aux flambeaux. Naturellement, ces festivités s'interrompent pendant l'hiver. Elles sont politiquement situées, et les musiques républicaines ou socialistes, ou encore ouvrières, rivalisent avec celles des patronages. Toutes ont un public chaleureux de voisins, de parents ou de collègues.

Le déclin des orphéons ne s'explique pas seulement par le cinéma. Les années qui précèdent la guerre de 1914 connaissent une floraison de sociétés sportives, elles aussi politiquement rivales. Beaucoup sont des sociétés de gymnastique et de tir, quelque peu paramilitaires, mais les clubs de football ou de rugby se multiplient, ainsi que ceux de vélocipédistes qui organisent des randonnées le dimanche. On compte autour d'un million de sportifs en France en 1909, mais le sport spectacle est déjà là. Le vélodrome du Parc des Princes date d'une quinzaine d'années, et le tour de France s'est élancé sur les routes en 1903…

26

La France était aussi un empire

Nous condamnons aujourd'hui la colonisation. Ce n'est pas une raison pour la taire ou l'oublier. Ce fut un fait, et un fait mondial. Au XIXe siècle, la plupart des nations d'Europe occidentale possédaient des colonies. Non seulement la Grande-Bretagne et la France, mais aussi l'Allemagne, la Belgique, les Pays-Bas, l'Italie, le Portugal. Ces nations se sont partagé le monde, non sans conflits. C'était une course à la puissance, politique plus encore qu'économique.

Il y aurait beaucoup à dire sur la diversité des colonisations, car elles ne prennent pas partout la même forme, mais là n'est pas notre propos. Qu'apporte à la France de 1913 le fait de posséder un empire ? Son drapeau flotte sur de vastes territoires : l'Algérie, l'Afrique occidentale et l'Afrique équatoriale, la Tunisie, l'Indochine, et, depuis une vingtaine d'années en 1913, Madagascar, et plus récemment le Maroc, au sujet duquel la France et l'Allemagne se sont vivement opposées en 1911. C'est une réserve d'hommes et de matières premières qui sera mise à contribution pendant la guerre. Ce sont de nombreuses escales maritimes, qui permettent de contrôler une partie du commerce mondial. Mais tout cela a un coût, plus important tout compte fait que ce que rapporte financièrement la colonisation.

C'est pourquoi il ne faut pas négliger l'autre volet de l'impérialisme français d'avant 1914 : les investissements financiers. L'Europe occidentale était alors le banquier du monde, et dans ce rôle, les Français venaient immédiatement après les Britanniques. On estime le montant des placements français hors du territoire national à 45 milliards de francs-or, soit l'équivalent de 15 000 milliards d'euros actuels. Dans ce montant, les colonies pèsent peu : 4 milliards. En revanche les emprunts russes dépassent les 11 milliards. Ils représentent le quart du total. La Turquie, l'Autriche-Hongrie et les Balkans ont absorbé 8 milliards, l'Amérique du Sud 6. Et ces chiffres ne comprennent pas les investissements des entreprises, comme ceux de Schneider dans la métallurgie russe.

La guerre entraînera pour la France une perte sèche de la moitié environ de cette fortune. Mais c'est avec les emprunts français que la Russie a construit les chemins de fer qui ont amené ses troupes sur le front au bon moment. Cela en valait-il la peine ? Je vous laisse répondre.

27

Le service militaire

Le service militaire a aujourd'hui disparu. En 1913, c'était une institution majeure de notre société. Cette année-là, sa durée fut portée de deux à trois ans, mais avant d'y revenir, il faut bien saisir ce qu'il représentait.

Aujourd'hui, les adolescents deviennent des adultes au terme d'une longue évolution qui les fait passer progressivement de leur famille et des études à l'autonomie et au travail. A la Belle Epoque, les divers âges de la vie étaient séparés par des seuils très clairs, sauf dans la bourgeoisie. L'entrée dans l'adolescence était marquée par la communion solennelle et la fin de l'école obligatoire, avec le certificat d'études, et entre l'adolescence et l'âge adulte, il y avait pour les garçons le service militaire. Il s'annonçait par le conseil de révision : au jour dit, tous les garçons de 18 ans du village défilaient tout nus, en ces temps de grande pudeur, devant le sous-préfet, l'officier recruteur et le médecin qui les déclaraient bons pour le service. Ne pas l'être était mauvais signe et tout le monde se demandait ce qu'avait le fils untel, pour n'avoir pas été pris au service. Le soir ou le soir du samedi suivant, c'était le grand bal des conscrits, et celui qui l'organisait prenait date pour jouer plus tard un rôle au village ou dans le quartier.

Sauf exception, on ne se mariait pas avant le service militaire. On devait aider ses parents. C'était une façon de leur rembourser les sacrifices qu'ils avaient faits pour élever leurs enfants. Ceux-ci travaillaient donc dur à la ferme familiale, ou bien ils se plaçaient et rapportaient leurs gages. Les jeunes ouvriers donnaient leur paye à leur mère, qui leur rendait une pièce pour leur dimanche. Le service militaire est donc une coupure forte : c'est la découverte de la ville, de ses boutiques, et pour beaucoup l'initiation sexuelle dans un bordel, car ce commerce légal a alors lanterne sur rue. C'est aussi d'autres rythmes quotidiens, et un collectif : la chambrée. Le service militaire joue alors, dans la société française, le même rôle que la chambre des hommes dans les tribus étudiées par les ethnologues.

En outre, le service militaire est une entrée dans la modernité. Comparée au domicile familial, la caserne c'est le progrès. Elle est propre, spacieuse ; elle a l'eau courante. Pour la première fois, les jeunes du peuple ont chacun leur lit. Ils mangent de la viande tous les jours et boivent du vin à tous les repas. Des marches de 40 kilomètres sac au dos ne leur font pas peur. Ce rituel de passage est aussi une parenthèse de confort et de détente relative. Il a comme un parfum de colonie de vacances. Malgré les sous-offs, il laisse alors de bons souvenirs.

28

L'armée dans la société française

Si nous vivions en 1913, nous serions surpris de voir autant de militaires.

On voyait d'abord les casernes. Construites pour la plupart depuis 1871, elles étaient alors dans leur neuf, et elles occupaient beaucoup d'espace, avec leurs cours et leurs places d'armes. Les maires, qui avaient été étroitement associés à leur financement, avaient généralement veillé à ce qu'elles soient bâties à l'intérieur même de la ville, pour que les denrées nécessaires à la vie des garnisons paient l'octroi, une des grandes ressources fiscales des villes d'alors. La caserne jouait un grand rôle dans le commerce et l'activité locale.

On voyait aussi beaucoup les soldats. Soit en rangs, quand ils allaient à l'exercice. Soit individuellement ou par petits groupes, quand ils avaient une permission de sortie. Ou encore, attablés dans un bistrot. C'est qu'ils étaient nombreux : plus d'un demi-million, à porter le pantalon rouge. Le couple du piou-piou en discussion avec une bonne dans un jardin public ou dans la cuisine d'une maison bourgeoise est un des lieux communs de la littérature populaire.

Dans la bonne société, enfin, les officiers occupaient une place considérable. Ils étaient à l'époque plus de 30 000. La plupart avaient un niveau de formation supérieur à celui de beaucoup de notables : un tiers d'entre eux sortaient de Saint-Cyr ou de Polytechnique, les deux principales écoles du gouvernement. Leurs traitements leur permettaient de tenir un certain rang : de 3 500 francs par an pour un jeune sous-lieutenant, à 9 100 pour un lieutenant-colonel, en passant par 5 200 pour un capitaine. Par comparaison, la carrière d'un instituteur allait alors de 1100 à 2400 francs. En outre, on l'a vu, les femmes des officiers leur apportaient une rente en dot, ce qui souvent laissait espérer un héritage. Enfin, l'armée était devenue une sorte de refuge pour des nobles qui voulaient bien servir la France, mais pas la République qui d'ailleurs se méfiait d'eux. En 1911, un général de division sur six est un aristocrate. Sur l'armée de la République flotte encore un léger parfum d'Ancien Régime, qui ne déplaît pas nécessairement.

29

La loi de trois ans

Le grand sujet de débat politique en 1913 est la loi de trois ans. C'est de cela que l'on discutait.

La question était assez simple. L'Allemagne était plus peuplée que la France : 67 millions d'habitants contre 39. Dans les deux pays, l'armée reposait sur le service militaire obligatoire. En 1912 et 1913, l'Allemagne, qui prévoyait de se battre contre les Russes et les Français en cas de guerre, porta les effectifs de son armée active à plus de 800 000 hommes, ce qui lui donnait l'avantage sur l'armée française, en attendant qu'elle mobilise ses réservistes. Pour rétablir l'équilibre, l'Etat-Major français veut prolonger le service militaire qui durait deux ans depuis 1905. Il lui faut plus de soldats immédiatement prêts au combat, car il ne fait pas confiance aux réservistes pour l'offensive générale qui est sa doctrine. Il craint en outre une attaque brusquée des Allemands qui, au tout début de la guerre, l'empêcherait de concentrer ses forces. Le gouvernement maintient donc sous les drapeaux les conscrits incorporés en 1911, qui pensaient terminer leur service en 1913 et manifestent leur mécontentement. Puis il demande au Parlement de voter une loi pour porter le service militaire de deux à trois ans.

La loi de trois ans divise profondément l'opinion. La droite la soutient. Elle veut y voir l'échec des républicains et de la conception rigoureusement égalitariste du service militaire qui inspirait la loi militaire de 1905 : avec cette loi, ils auraient affaibli dangereusement l'armée. Le centre soutient la loi par pragmatisme mais s'inquiète des dépenses qu'elle entraîne. La gauche en conteste la nécessité et en comprend l'impopularité. Elle veut y voir une manœuvre de la réaction. Les socialistes et la CGT la combattent résolument, en raison de leur antimilitarisme traditionnel : l'armée, il ne faut pas l'oublier, est alors employée contre les grévistes. Mais ils préconisent aussi une autre conception de la défense nationale. Jaurès dénonce dans cette loi une solution de facilité, une conception périmée : la défense nationale doit reposer sur le peuple en armes dans ses milices. C'est l'esprit des levées en masse de la Révolution.

Aussi l'adoption de la loi ne fait-elle pas cesser le débat. Les élections législatives de 1914 se font droite contre gauche, pour ou contre la loi de trois ans. Et c'est la gauche qui l'emporte. Mais, avec un peu plus de 800 000 hommes dans l'armée active, la France est pratiquement à égalité avec l'Allemagne quand sonne le tocsin d'août 1914.

30

« C'est tout de même beau La République »

Nous ne pouvons pas quitter cette France de 1913 qui va bientôt basculer dans la guerre sans souligner sa fierté d'être une République. En août 1914, le député André Maginot rencontra dans le train un électeur de droite. Apprenant qu'il se rendait à Toul pour être mobilisé comme soldat de 2e classe, celui-ci s'exclama : « C'est tout de même beau, la République[22] ! » Les Français de 1913 étaient conscients de leur différence avec la plupart des autres pays. Chez eux, pas de cour, pas d'uniformes chamarrés ; un président et des ministres sortis du suffrage universel. Ils étaient des citoyens égaux, pas des sujets soumis. Et ils en étaient fiers.

Voici, en guise de conclusion, une scène typique de cette République, une réunion lors de la campagne électorale des législatives de 1914. Nous sommes à Mazières-en-Gâtine, un village des Deux-Sèvres. C'est un témoin qui raconte.

> Un vieux sénateur, autrefois ouvrier tanneur à Parthenay, faisait campagne pour le député sortant, candidat radical, un petit propriétaire terrien des environs. La réunion avait lieu dans la salle des fêtes de la mairie, une grande salle humble et nue. Il y avait beaucoup de monde. Le vieux sénateur en vint à parler des possibilités de guerre avec l'Allemagne. J'entends encore sa voix, je revois ses gestes : « Oui, il est possible que nous ayons la guerre avec l'Allemagne… » Arrêt, frissons dans l'assemblée. « Vous comprenez, l'Allemagne n'a pas le bonheur d'être en République ; elle est gouvernée par un Empereur qui

fait ce qu'il veut. » Il y eut quelques rires. Comment pouvait-on être civilisé et n'être point en République ! « Ce que nous voulons, nous, Républicains, c'est la paix. Mais si la guerre venait, nous dirions aux Allemands après la victoire d'être Républicains comme nous et la République allemande serait sœur de la nôtre... »

Personne n'applaudit ; il n'y eut pas un geste, pas un murmure. Mais l'assemblée était saisie ; un vieil homme à côté de moi avait les yeux pleins de larmes. Des jeunes gens un peu plus loin, de jeunes paysans, écoutaient d'un air grave, le regard tendu. Quelques mois plus tard, c'était la guerre. Cinquante-deux des meilleurs hommes de cette commune de onze cents habitants mouraient pour leur pays[23].

Notes

1. Emilie Carle, *Une soupe aux herbes sauvages*, Paris, J.-C. Simoën, 1978, p. 13.

2. Manon Pignot, *Allons enfants de la patrie : génération Grande Guerre*, Paris, Seuil, 2012.

3. Louis Lengrand, Maria Craipeau, *Louis Lengrand, mineur du Nord*, Paris, Seuil, 1974.

4. « Enquête sur les conditions de la vie ouvrière et rurale en France en 1913-1914 », *Bulletin de la Statistique générale de la France*, octobre 1916, p. 102.

5. « Mémoires de Léon Jouhaux », présentés par Marie-Anne Renauld, *Le Mouvement social*, n° 47, avril-juin 1964, p. 89.

6. Serge Grafteaux, *Mémé Santerre. Une vie…*, Paris, Ed. du Jour, 1975.

7. Antoine Prost, « Mentalités de la première génération d'ouvriers à Sully-sur-Loire », in *Philographies, Mélanges offerts à Michel Verret*, Nantes, LERSCO, 1987, pp. 99-106.

8. Jacques Duclos, *Mémoires. I. 1896-1924, Le chemin que j'ai choisi : de Verdun au parti communiste*, Paris, Fayard, 1968, p. 28.

9. Fernand et Maurice Pelloutier, *La Vie ouvrière en France*, Paris, Schleicher, 1900, p. 199.

10. Voir les plans dans Patrick Fridenson, *Histoire des usines Renault. I. Naissance de*

la grande entreprise, 1898-1939, Paris, Seuil, 1972, p. 332.

11. Victor Griffuelhes, secrétaire de la CGT, 1908, cité par Jacques Julliard, *Clemenceau briseur de grèves*, Paris, Julliard, 1965, p. 31.

12. Jean Guéhenno, *Journal d'un homme de 40 ans*, Paris, Grasset, 1945, pp. 67-73.

13. Antoine Prost, « Les ouvriers orléanais dans leurs quartiers en 1911 », *in* Maurice Garden et Yves Lequin, *Habiter la ville, XVe-XXe siècles*, Lyon, PUL, 1984, pp. 203-222.

14. Jean-Paul Burdy, *Le Soleil noir, un quartier de Saint-Etienne, 1840-1940*, Lyon, PUL, 1989.

15. Anecdote rapportée par Michel Vovelle qui la tenait de sa mère et me l'a confirmée.

16. Léon Frapié, *La maternelle*, Paris, Librairie universelle, 1904 (prix Goncourt).

17. Guy Thuillier, *Pour une histoire du quotidien au* XIXe *siècle en Nivernais*, Paris/La Haye, Mouton/EHESS, 1977.

18. Agnès Chartier, *Champagné-Saint-Hilaire, un village du Haut-Poitou de la fin du* XIXe *siècle au début du* XXe *siècle*, Mémoire de maîtrise, Université de Paris I, 1987.

19. Lucien Gachon, « L'arrondissement d'Ambert », *in* Jacques Fauvet et Henri Mendras, *Les paysans et la politique*, Paris, A. Colin, 1958, p. 396.

20. Eric Mension-Rigau, *L'enfance au château. L'éducation familiale des élites françaises au* XXe *siècle*, Paris, Rivages, 1990.

21. Maurice Barrès, *La Grande Pitié des églises de France*, texte introduit et établi par Michel Leymarie et Michela Passini, Villeneuve-d'Ascq, Presses universitaires du Septentrion, 2012, p. 73 sq.

22. André Maginot, *Carnets de patrouille,* Paris, Fondation A. Maginot, 1964, p. 28.

23. Roger Thabault, *Mon village, ses hommes, ses routes, son école*, Paris, Presses de la FNSP, 1982 [1re éd. Delagrave, 1948], p. 230.

TABLE

Mise en pages PCA
44400 Rezé

Cet ouvrage a été imprimé
par Laballery
pour le compte des Editions Grasset
en février 2014

Grasset s'engage pour l'environnement en réduisant l'empreinte carbone de ses livres. Celle de cet exemplaire est de :
400 g éq. CO_2
Rendez-vous sur www.grasset-durable.fr

PAPIER À BASE DE FIBRES CERTIFIÉES

N° d'édition : 18236 – N° d'impression : 401220
Dépôt légal : mars 2014